W0004815

Jutta Lammèr

Weihnachts-
stickereien

26 Vorlagen für Kreuzstich

Otto Maier Ravensburg

Einführung

Der Kreuzstich, lange Zeit zum Übungsstich beim Training manueller Fertigkeiten im Handarbeitsunterricht degradiert, wurde in den letzten Jahrzehnten bei den Freunden fadengebundener Sticktechniken immer beliebter. Die Anhängerschar, der erstaunlich viele Männer angehören, wächst ständig. Starke Impulse gehen von den skandinavischen Ländern aus. Vor allem von der unter dem Patronat der dänischen Königin stehenden Handarbeitsgilde „Haandarbejdets Fremme", die ihren Sitz in Kopenhagen hat. Immer wieder zieht diese nahezu weltbekannte Vereinigung namhafte Künstler heran, die, an die alte Tradition anknüpfend, neue Muster entwerfen. Allen voran Gerda Bengtsson, die die große Gabe besitzt, auch winzige Details der sie umgebenden Natur in Kreuzstichzeichnungen umzusetzen, man denke nur an den Rosenkalender, der 1985 erschien.

Eine strengere, weniger naturalistische Auffassung in ihren Entwürfen vertreten die Künstlerinnen Edith Hansen und Ida Winckler. Von ihnen gibt es wunderschöne Vorlagen für Weihnachtsstickereien, die dem Betrachter etwas von der vorweihnachtlichen Stimmung vermitteln, ohne aufdringlich zu sein. Ihrem Beispiel folgend, sind auch die in dem vorliegenden Buch erarbeiteten Mustervorlagen zum großen Teil etwas strenger sowohl in der grafischen Gestaltung wie auch in der Farbwahl. Dabei bleibt es dem Sticker überlassen, ob er sich an die Farbvorgaben halten oder lieber seinen eigenen Vorstellungen folgen will. Wer in Verbindung mit Weihnachten an klare kalte Wintertage denkt, wird eher strenge Formen und kühle Farben bevorzugen als jemand, der die gemütliche Wärme im Sinn hat, die von Bratäpfeln und brennenden Kerzen ausgeht. Wie immer man sich entscheidet, wichtig ist, daß man bald mit dem Sticken beginnt, damit zum Advent alles rechtzeitig fertig ist. Die kleinen Kartenmotive von Seite 29 sind zwar schnell gestickt, für andere Arbeiten braucht man jedoch mehrere Abende oder ein Wochenende, und Stickereien mit häufigem Farbwechsel und größeren Flächen dauern noch länger.

Am besten, man fängt gleich an!

CIP-Kurztitelaufnahme der Deutschen Bibliothek

Lammèr, Jutta:
Weihnachtsstickereien: 26 Vorlagen für Kreuzstich /
Jutta Lammèr. – Ravensburg: Maier, 1987.
ISBN 3-473-42482-X

Alle Motive in diesem Buch sind urheberrechtlich geschützt. Sie dürfen nur mit ausdrücklicher Genehmigung des Verlages nach Rücksprache mit der Autorin gewerblich genutzt werden.

© 1987 Ravensburger Buchverlag Otto Maier GmbH
Umschlaggestaltung: Ekkehard Drechsel BDG
Fotos: Fotostudio Thomas Weiß, Ravensburg
Zeichnungen: Gisela Thommel, Ravensburg
Reproduktionen: Claus Müller, Sigmaringendorf
Satz: Fotosatz Ruderer, Grünkraut
Gesamtherstellung: Himmer, Augsburg
Printed in Germany

90 89 88 87   4 3 2 1

ISBN 3-473-42482-X

Material

Jeder in diesem Buch enthaltenen Stickerei steht – mit Ausnahme der großflächigen Arbeiten – eine Zählvorlage gegenüber, deren Symbole den verwendeten Farben entsprechen. Ein Symbol auf der Zeichnung entspricht einem Kreuzstich. (Zusammenstellung der Farben von MEZ ⚓ Sticktwist auf Seite 8/9.)

Mit Ausnahme des Weihnachtsbaumes auf Seite 14/15 wurden alle Stickereien auf Leinen Nr. 10,5 ausgeführt. Das heißt: 1 cm Leinen hat in Höhe und Breite 10 ½ Gewebefäden, also 5 ¼ Kreuze. Hat ein Motiv zum Beispiel 110 × 110 Kreuze, so ist die bestickte Fläche 21 × 21 cm groß.

Nicht immer fallen die Stoffe verschiedener Leinenhersteller genau gleich aus, so daß die bei den Modellen angegebenen Maße um einige Millimeter differieren können.

Bei dem auf Seite 15 verwendeten Leinen handelt es sich um Material, das eigentlich nicht zum Besticken gedacht ist. Hier kommen 4 ½ Kreuze auf 1 cm.

Außer Leinen kann man auch Aida-Stoff verwenden, der eine abweichende Struktur hat: Hier sind Fadengruppen mit gleichen Abständen in Höhe und Breite in Leinenbindung verwebt. Das Vergleichsfoto zeigt den Unterschied, links: Weihnachtsbaum auf Leinengrund, 5,2 × 8,2 cm groß, rechts: Weihnachtsbaum auf Aida-Stoff, 4,5 × 7,4 cm groß.

Alle Modelle in diesem Buch wurden zweifädig mit MEZ Sticktwist und Straminnadel Nr. 22 gearbeitet. Da das Stickgarn sechsfädig geliefert wird, muß man es teilen. Beim zweifädigen Sticken verzwirnen sich die Fäden mit fortschreitender Arbeit miteinander, man sollte sie deshalb von Zeit zu Zeit wieder so zurückdrehen, daß sie parallel nebeneinander liegen.

Sticktechnik

Der Kreuzstich ist ein zweiteiliger Stich. Er besteht aus dem von links unten nach rechts oben verlaufenden Unterstich und dem in entgegengesetzter Richtung verlaufenden Deckstich. Es gibt viele Varianten der Kreuzstichtechnik, die darin bestehen, daß die Rückseite der Arbeit unterschiedlich ausfällt. So können hier zum Beispiel senkrechte oder waagerechte Stiche, Kästchen- oder Kreuzstiche erscheinen.

Die einfachste, am häufigsten ausgeführte Methode ist das Sticken in waagerechten Hin- und Rückreihen, wobei sich auf der Rückseite senkrechte Stiche bilden. Die Zeichnungen auf Seite 6 zeigen die beiden Arbeitsphasen: Man sticht zwischen zwei Gewebefäden zur Vorderseite des Stof-

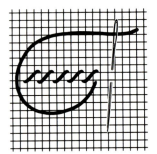 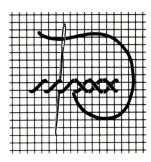

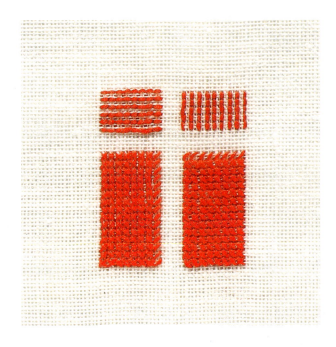

fes durch, führt den Faden diagonal nach rechts oben über zwei Gewebekreuze und sticht senkrecht in Abwärtsrichtung unter zwei Gewebefäden hindurch. In fortlaufenden Abwärtsstichen wird die Reihe beendet. Dann stickt man, die vorigen Ein- und Ausstichlöcher benutzend, wieder in entgegengesetzter Richtung zurück. Damit der Fadenanfang nicht nach vorn durchrutscht, macht man zunächst eine kleine Schlinge. Sie wird später aufgelöst und das Fadenstück auf der Rückseite in den Stichen verstopft. Geübte arbeiten ohne dieses Hilfsmittel. Sie legen den Fadenanfang parallel nach rechts zur zu stickenden Reihe und überstikken ihn gleich mit. Ganz egal, für welche Methode man sich entscheidet, man sollte niemals einen bleibenden Knoten machen.

Eine ebenfalls einfache Methode ist das Sticken in senkrechten Auf-und-Ab-Reihen, bei denen die Fäden auf der Rückseite der Arbeit waagerecht verlaufen. Die Zeichnungen zeigen die Technik in zwei Phasen: Nach dem Ausstich wird die Nadel von rechts nach links waagerecht zur Bildung der Unterstiche in Aufwärtsrichtung geführt, dann wieder – ebenfalls von rechts nach links – in Abwärtsrichtung für die Deckstiche.

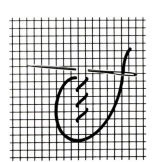 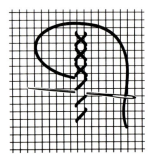

Auf den ersten Blick sehen die Kreuze, die in senkrechter oder waagerechter Technik gestickt wurden, gleich aus. Sieht man aber genauer hin, stellt man fest, daß die Kreuze der senkrechten Reihen (also mit waagerechtem Fadenverlauf auf der Rückseite) geringfügig höher und schmaler sind als jene, die in waagerechten Reihen (mit senkrechten Fäden auf der Rückseite) gearbeitet wurden. Das macht sich besonders bei größeren Flächen bemerkbar, vor allem dann, wenn man eine feste Hand hat, die Fäden also immer ziemlich straff anzieht. Man sollte sich zu Beginn der Arbeit für eine der beiden Methoden entscheiden und während der Ausführung eines Modells dabei bleiben. Wechselt man innerhalb einer Arbeit zwischen senkrechten und waagerechten Reihen, entsteht ein sehr unruhiges Bild mit erkennbar unterschiedlichen Strukturen. Das wird auch nicht dadurch aufgehoben, daß man einen Stickrahmen benutzt, denn sobald die Arbeit vom Rahmen genommen und das Gewebe entspannt wird, zeigt sich der unterschiedliche Zug.

Man sollte sich außerdem folgende Punkte merken: Stets zwischen die Gewebefäden, niemals in die Gewebefäden stechen.

Nicht in die bereits gestickten Fäden stechen.

Den Stickfaden gleichmäßig so anziehen, daß ein exakt anliegendes Fadenkreuz gebildet wird, ohne die Gewebefäden zusammenzuziehen.

Stets zuerst die Unterstiche einer Farbe vollenden, dann die Deckstiche arbeiten. Danach mit der nächsten Farbe beginnen.

Arbeiten nach der Zählvorlage

Zuerst legt man die Mitte von Vorlage und Stoff in einer senkrechten und einer waagerechten Linie fest, markiert diese und zählt von hier aus die Gewebefäden für das erste zu stickende Kreuz (2 Fäden = 1 Kreuz).

Es ist nicht immer sinnvoll, der Faustregel zu folgen, nach der man von der Mitte aus zu sticken hat. Viele Motive haben gerade im Zentrum verschiedene Farben, so daß man von Anfang an gleich mehrere Farbwechsel hat, die den Stickrhythmus stören. Bei einem Schriftband, wie bei dem auf Seite 59 und den folgenden Seiten gezeigten Weihnachtssticktuch, ist es sinnvoller, unten neben der senkrechten Mittellinie zu beginnen und nach rechts und links buchstabenweise vorzugehen.

Kleinere Motive stickt man von links unten aufwärts in fortlaufenden Reihen. Niemals sollte man bei einer Arbeit mit dem Sticken der Umrandung beginnen. Verzählt man sich hier auch nur um einen Faden (½ Kreuzchen) und richtet die übrige Stickerei danach aus, stimmt später die ganze Arbeit nicht. Je einfacher der Rand ist, um so größer ist die Gefahr, daß man sich verzählt.

Bei kleineren Motiven ist das Umsetzen einer Zählvorlage in Stickerei nicht schwierig. Es genügt hier, wenn man einen Kartonstreifen als Lesezeichen benutzt, den man Reihe für Reihe verschiebt. Bei größeren Arbeiten mit vielen Farben sollte man sich folgender Hilfe bedienen: Man kopiert das gewünschte Motiv aus dem Buch heraus (Fotokopierer) und befestigt es mit Stecknadeln auf einer Styroporplatte. (Ein passendes Stück Styropor kann man gratis beim Rundfunk- und Fernsehhändler oder in einem Möbelgeschäft erhalten.) Mit zwei weiteren Stecknadeln markiert man nun Anfang und Ende der jeweils zu stickenden Reihe oder des zu stickenden Teilstücks (s. Foto unten).

Nachbehandlung

Hat man ohne Stickrahmen gearbeitet, so genügt es meistens, die Stickerei mit der Schauseite nach unten auf eine weiche, mit einem weißen Tuch bedeckte Unterlage zu legen und sie mit einem Dampfbügeleisen (ersatzweise feuchtes Tuch auflegen) zu plätten.

Ist die Stickerei stark zerknittert, verzogen oder durch den Stickrahmen markiert, zieht man sie durch lauwarmes Wasser und legt sie zum Trocknen flach auf den Tisch (mit Plastikfolie abdecken, damit die Platte nicht leidet). Dabei zieht man den Stoff in die rechtwinklige Form und bügelt ihn später in noch feuchtem Zustand von der Rückseite. Soll die Stickerei gerahmt werden, biegt man die ungesäumten Kanten um ein Stück Karton, das in der Größe dem Innenfalz des Rahmens entspricht. Mit großen Stichen von Längs- zu Längsseite und von Schmal- zu Schmalseite werden die Umschläge über die ganze Fläche gleichmäßig gespannt.

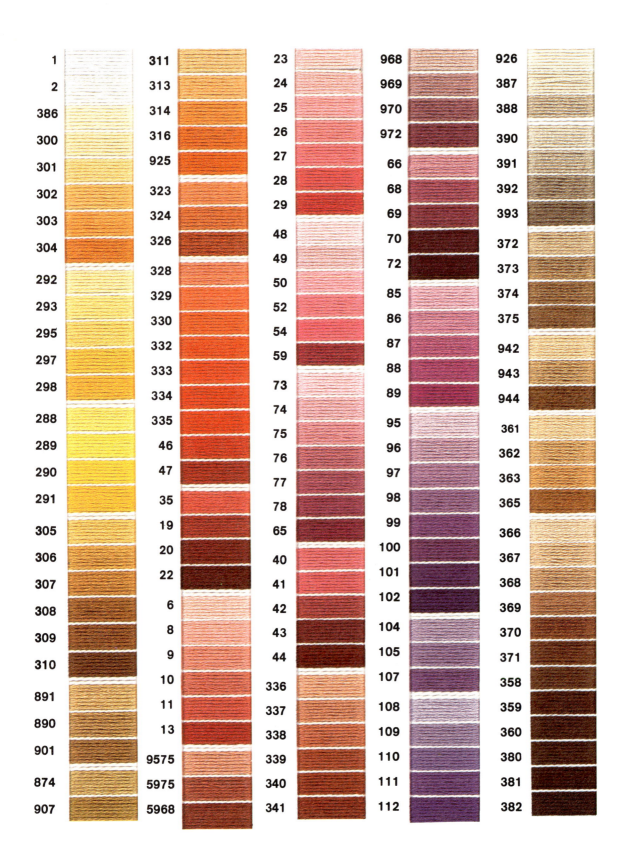

Farbpalette für MEZ ⚓ Sticktwist.
Sollten Sie beim Einkauf vor der angegebenen Farbnummer eine Null finden, so handelt es sich um die gleiche Farbe, deren Garnstrang nur 8 m lang ist (Normalausführung 10 m).
Farbabweichungen sind drucktechnisch bedingt.

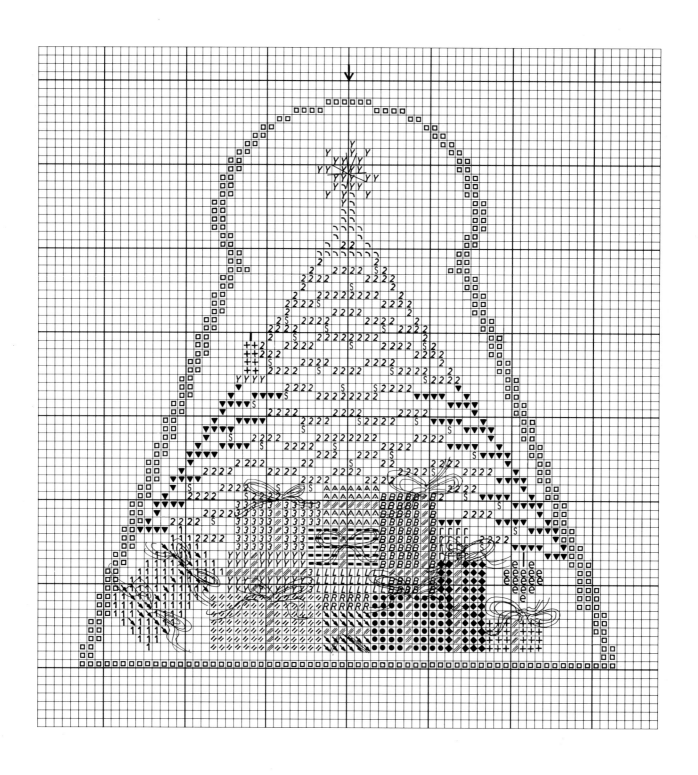

Y Y / Y Y	300	
□ □ / □ □	130	
2 2 / 2 2	262	
⌐ ⌐ / ⌐ ⌐	844	
+ + / + +	46	
▼ ▼ / ▼ ▼	263	
3 3 / 3 3	278	
◣ ◣ / ◣ ◣	47	
∥ ∥ / ∥ ∥	258	
S S / S S	381	
∧ ∧ / ∧ ∧	110	
= = / = =	939	
R R / R R	50	
L L / L L	872	
e e / e e	333	
B B / B B	146	
⌐ ⌐ / ⌐ ⌐	303	
◆ ◆ / ◆ ◆	309	
● ● / ● ●	280	
S S / S S	Silber	
/ / / / /	Silber	
∥ ∥ / ∥ ∥	Docht	
1 1 / 1 1	920	

Bei dieser Stickerei werden die braunen
Paketbänder dreifädig als halbe Kreuzstiche
gearbeitet, das heißt, man stickt nur die
Unterstiche. Fadenanfang und -ende werden
nach vorn durchgeholt und so lang gelassen,
daß man daraus eine kleine Schleife binden
kann.
Die bestickte Fläche ist 13,3 × 13,8 cm groß.

Bei dieser Arbeit beginnt man am besten mit der Tischdecke und zählt von hier aus weiter zum Baumstamm und aufwärts. Dann stickt man Kind und Katze, zum Schluß den einfachen Rand.
Maße der fertigen Stickerei: 14 × 17,5 cm.

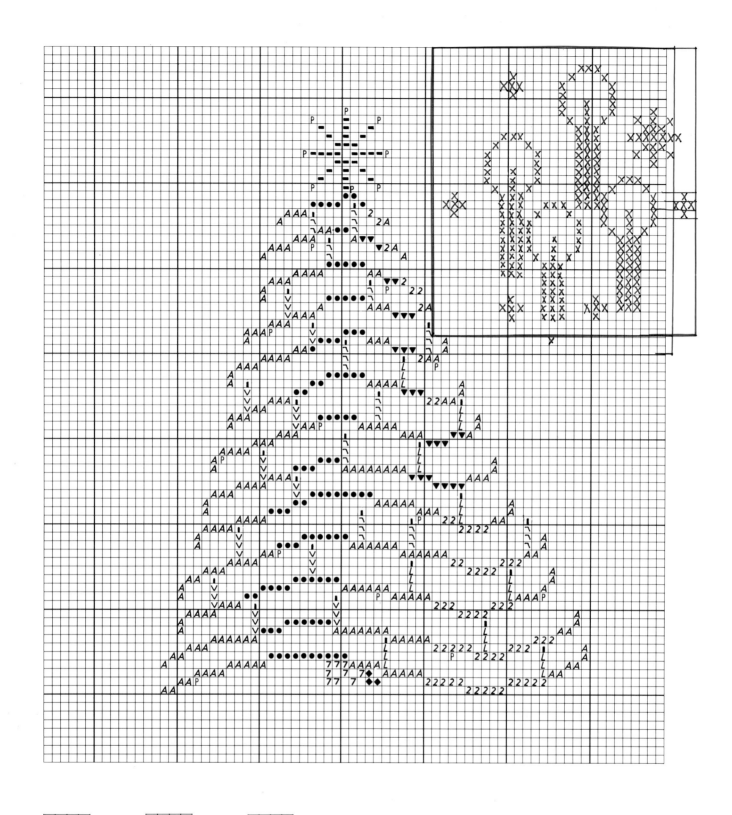

Der Stickgrund hier ist etwas gröber: auf 1 cm kommen 4 ½ Kreuze. Man stickt aber trotzdem mit zweifädigem Twist und Nadel Nr. 22. Auf die im Zählmuster mit einem P gekennzeichnete Stelle näht man eine Glasperle.
Bestickte Fläche 12 × 15 cm.

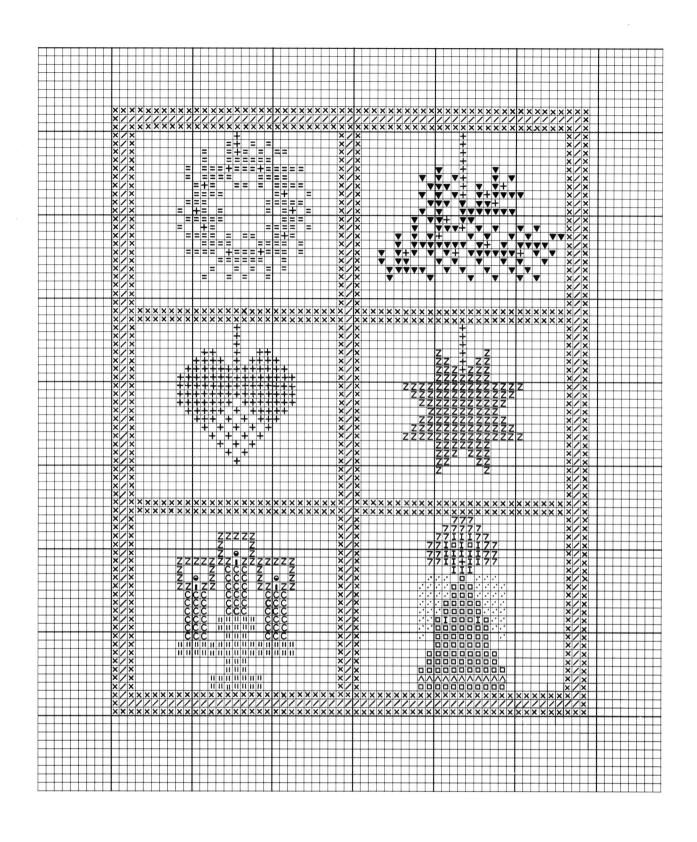
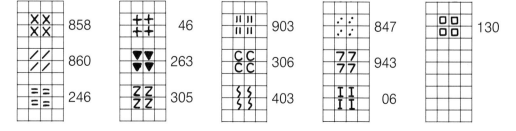

Die Fenstermotive dieser Stickerei können
auch einzeln für Grußkarten verwendet werden.
Größe der Arbeit: 11 × 14 cm.

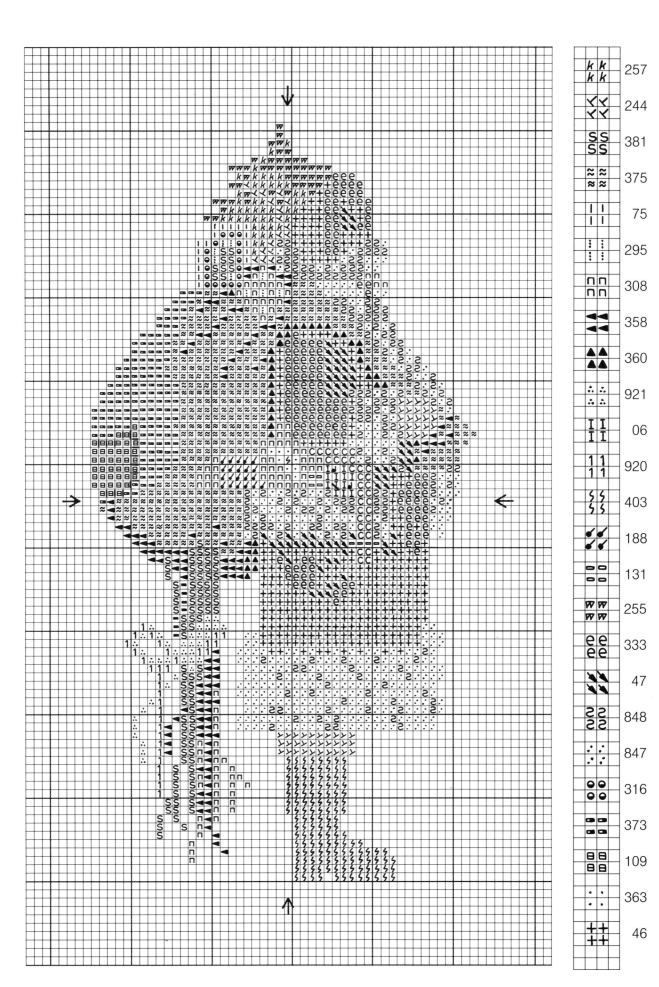

Der Weihnachtsmann mit Spielzeug, Lebkuchen, Sack und Rute erinnert an eine alte Oblate. Das Nachsticken erfordert erhöhte Aufmerksamkeit wegen der oft nur geringen Farbnuancen.
Größe: 9,5 × 17 cm. (Entwurf Katja M. Hassler.)

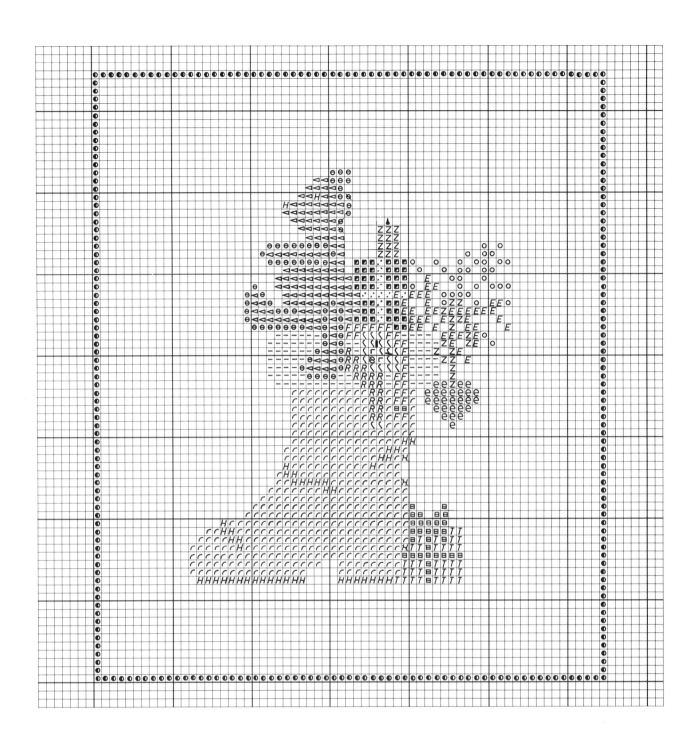
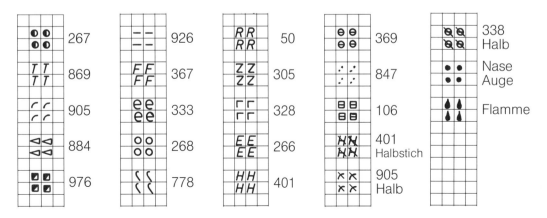

12 × 14 cm mißt die Stickerei mit dem Nikolausstiefel. Man kann sie verkleinern, indem man den Rahmen näher an das Motiv stickt oder ganz wegläßt.

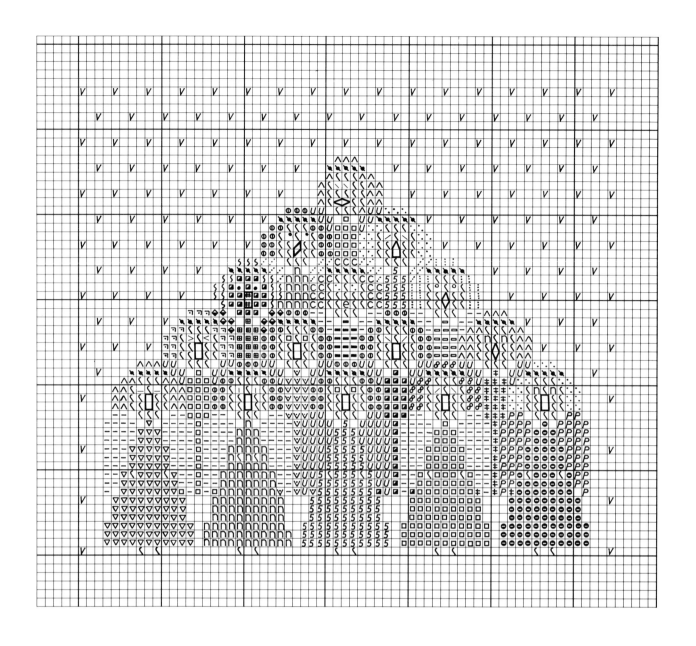

V V / V V	387	∴∵ / ∵∴	02	5 5 / 5 5	128	‡ ‡ / ‡ ‡	129
▫▫ / ▫▫	131	⊕⊕ / ⊕⊕	891	P P / P P	390	∇∇ / ∇∇	167
▨▨ / ▨▨	359	▽▽ / ▽▽	928	◆◆ / ◆◆	399	⋮⋮ / ⋮⋮	295
∧∧ / ∧∧	292	⊞⊞ / ⊞⊞	48	U U / U U	397	━━ / ━━	939
●● / ●●	185	♯♯ / ♯♯	351	□□ / □□	130	⸨⸨ / ⸨⸨	403
-- / --	926	⋂⋂ / ⋂⋂	120	⟨⟨ / ⟨⟨	778		
⌐⌐ / ⌐⌐	347	◧◧ / ◧◧	Silber	·. .· / ·. .·	378		

Sehr zart und himmlisch sieht der kleine
Engelchor in den blauen Kleidchen aus, daran
ändert auch der braune Engel in Rosa nichts.
Natürlich kann man die Gruppe auch in anderen
Kleider- und Haarfarben sticken.
Größe der bestickten Fläche: 10,3 × 12,3 cm.

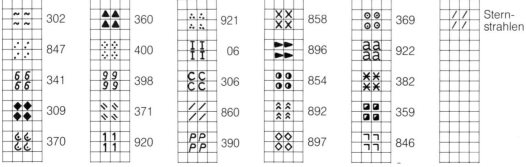

Für dieses Krippenbild wurden vorwiegend
Erdtöne gewählt, um die Natürlichkeit der Szene
zu unterstreichen.
Größe der bestickten Fläche: 13 × 13,3 cm.

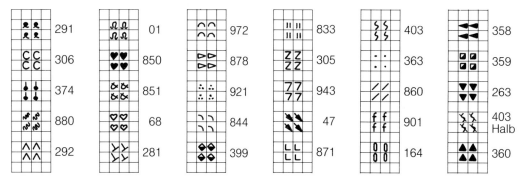

Die Augen der drei Sternsinger bestehen aus gegenläufig gestickten Halbstichpaaren, während die Münder durch kleine Geradstiche im Fadenlauf des Stickgrundes markiert sind. Waagerechte Geradstiche werden in Schwarz und Weiß zur Markierung der Buchseiten gestickt.
Größe des Bildes: 10,7 × 12,7 cm.

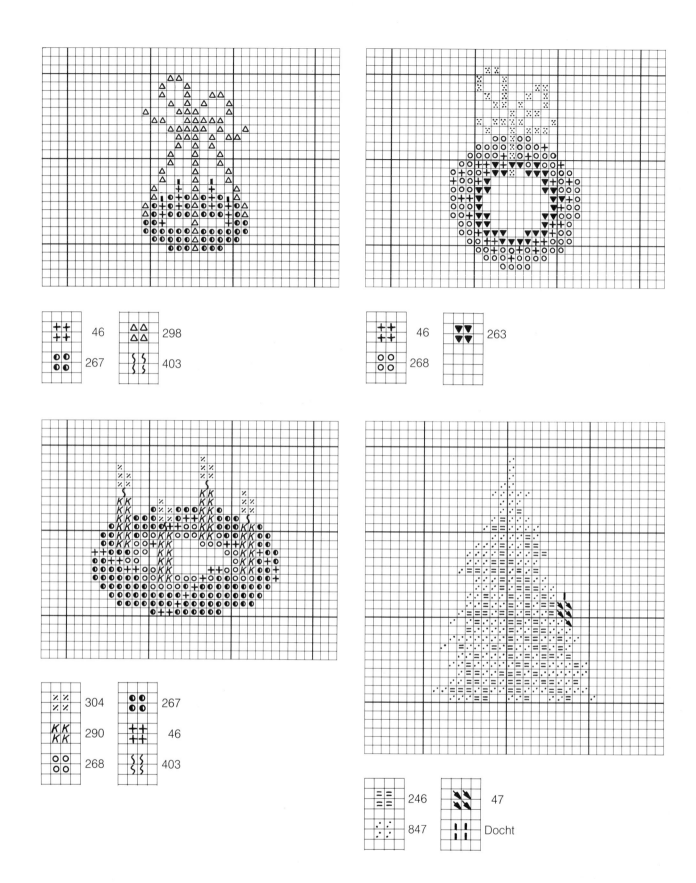

Vier kleine Motive zum Sticken von Grußkarten. Sie sind schnell nachgearbeitet und sehen, in ein Passepartout eingeklebt, sehr hübsch aus. Passepartoutkarten gibt es im Hobbyhandel zu kaufen. Man kann sie aber auch selbst herstellen.

Größen: Kranz mit gelben Bändern und Schleife 2,5 × 4 cm,
Kranz mit roter Schleife 3 × 4,5 cm,
Kranz mit Kerzen 3,8 × 4,5 cm,
Christbaum mit Schnee 4 × 6,2 cm.

28

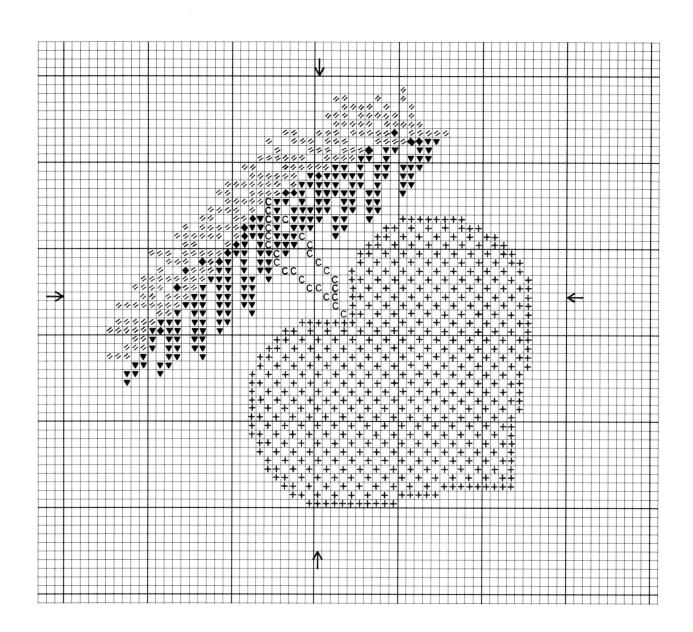
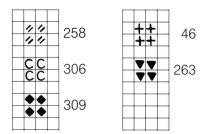

Ungewöhnlich bei dieser Stickerei, die sich für eine kleine Decke eignet, ist die diagonale Anordnung des Herzmotivs. Die Pfeile auf der Zählvorlage geben die waagerechte und senkrechte Mittellinie an, was das Auszählen erleichtert.
Größe: 10 × 10 cm (von Herzspitze bis Zweigmitte und von Zweigspitze bis Zweigende).

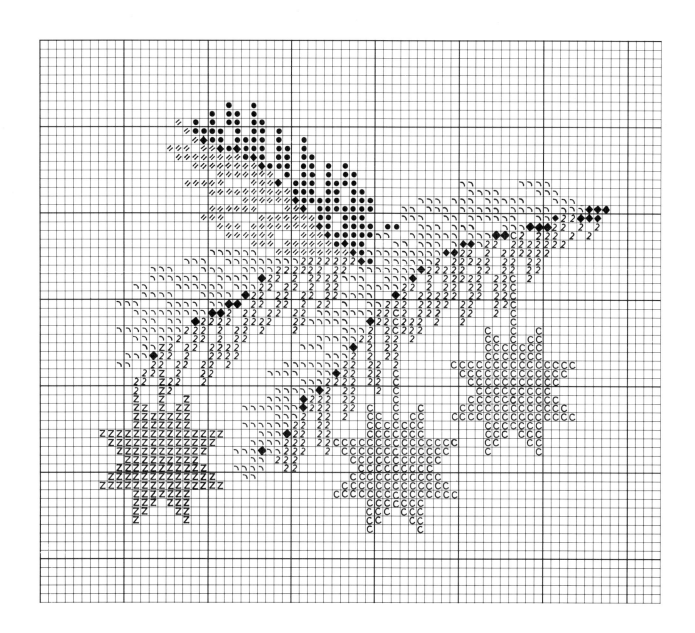

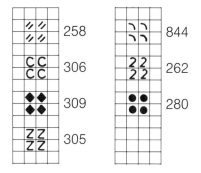

Der Zweig mit den Sternen ist, wie das Motiv auf den Seiten 30/31, besonders gut für eine kleine Tellerdecke geeignet. Einen einzelnen Stern kann man außerdem als Grußkartenmotiv verwenden. Größe des ganzen Motivs: 9,7 × 11,5 cm.

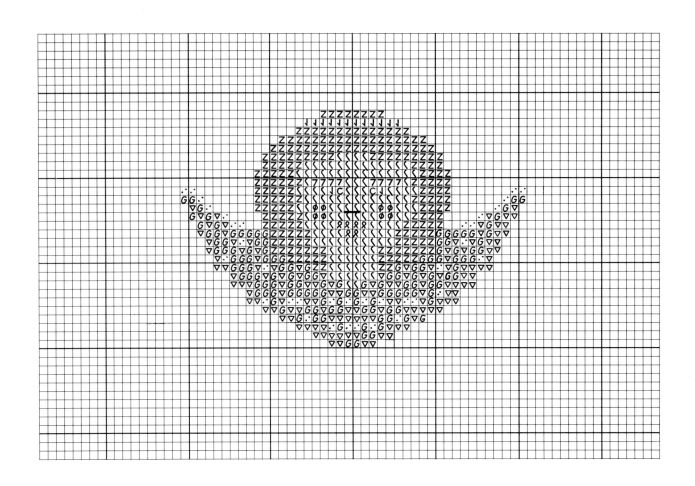

Z Z / Z Z	305	Ø Ø / Ø Ø	09	7 7 / 7 7	943
↓ ↓ / ↓ ↓	160	ʀ ʀ / ʀ ʀ	76	▽ ▽ / ▽ ▽	928
⟨ ⟨ / ⟨ ⟨	778	G G / G G	158	∴ ∴ / ∴ ∴	847

Das kleine Engelmotiv ist schnell nachgearbeitet. Man kann es auf eine Serviette, eine Platzdecke, einen Geschenkbeutel oder eine Grußkarte sticken.
Größe: 5,9 × 8,5 cm.

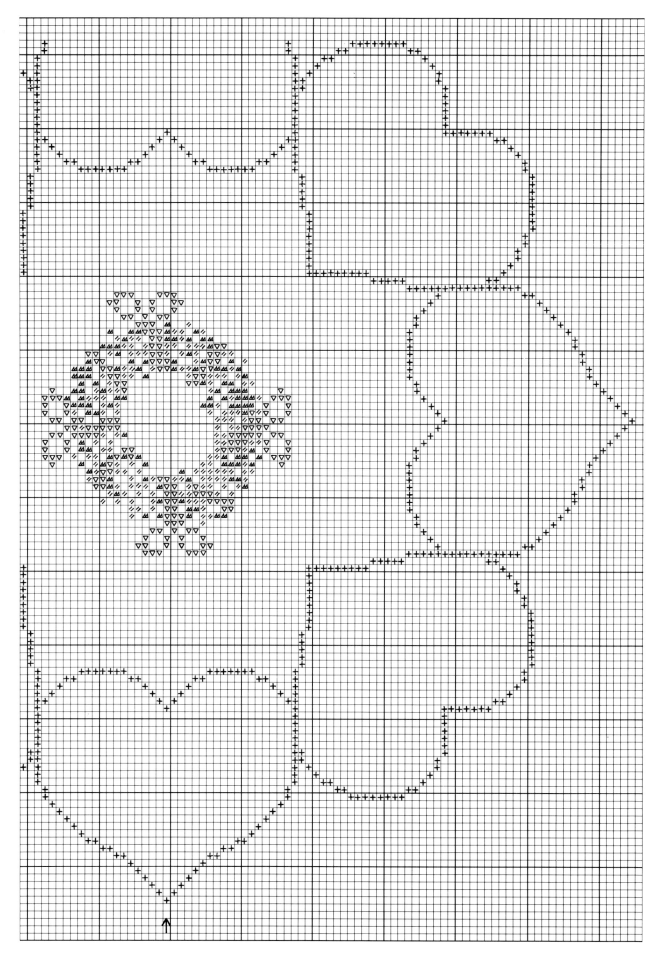

Mittelmotiv für eine Decke in traditionellen Weihnachtsfarben. Etwas kompakter wirkt die Stickerei, wenn man jedes zweite Herz voll oder offen ausstickt, wie auf Seite 45 gezeigt. Motivdurchmesser von Herzspitze zu Herzspitze: 25,5 cm.

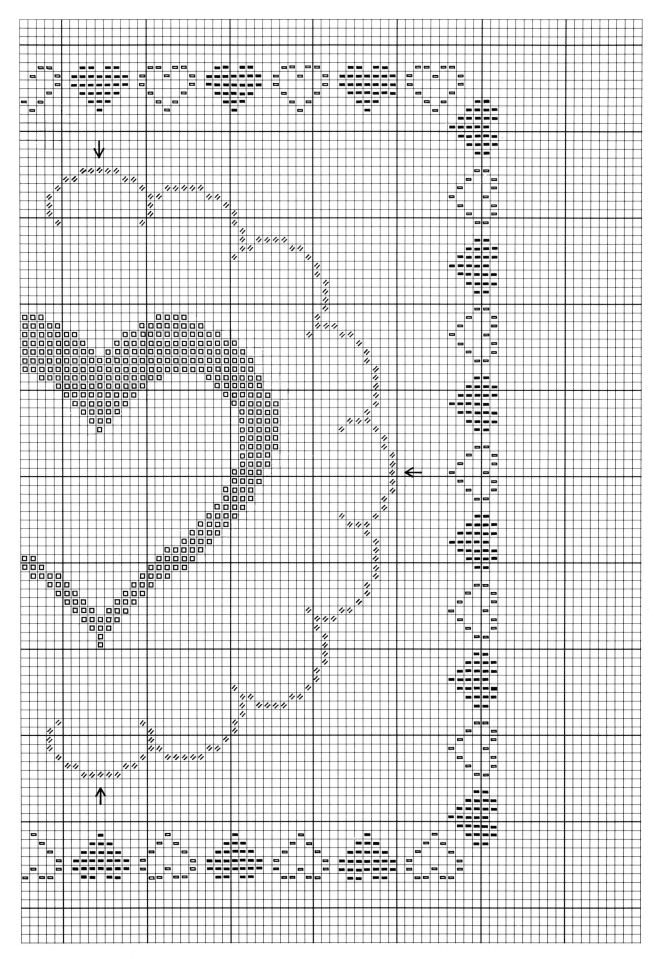

╱╱ ╱╱	258
▫▫ ▫▫	131
■■ ■■	939
▫▫ ▫▫	130

Dieses quadratische Motiv in kühleren Farben kann man auf eine Decke oder ein Kissen sticken. Es ist nicht ausschließlich für die Weihnachtszeit gedacht. Die Herzbordüre sieht auch hübsch auf Platzdecken oder Servietten aus.
Größe: 19 × 19,5 cm

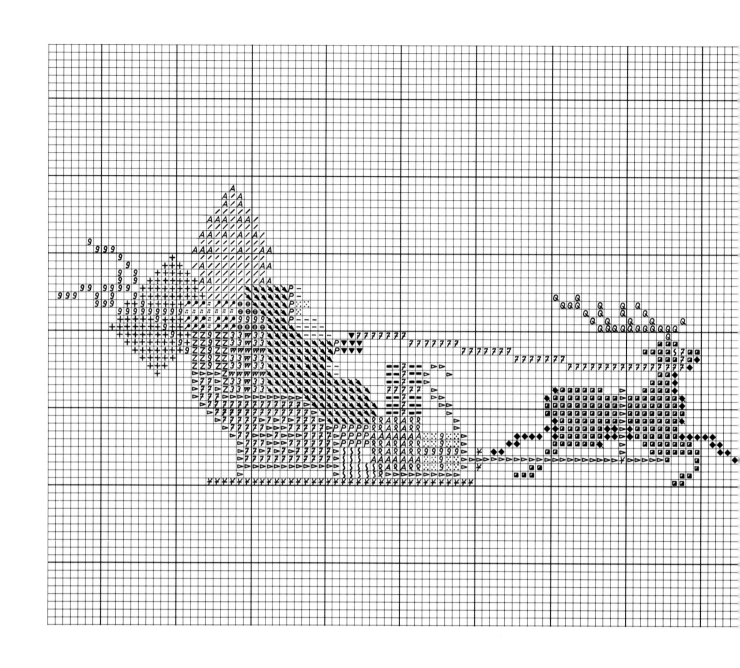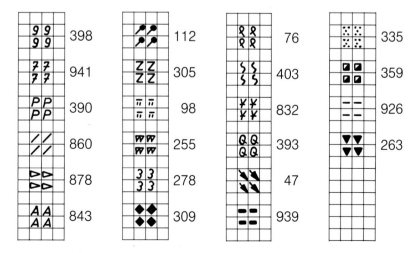

Das Motiv mit dem eiligen Nikolaus, das sich auch zum Besticken der Schmalseiten eines Tischläufers eignet, kann durch Verlängern von Zügel und Deichsel beliebig verbreitert werden. Auch kann man ohne weiteres noch ein Zugtier rechts davor sticken.
Maße: 7,5 × 17 cm. (Entwurf Katja M. Hassler.)

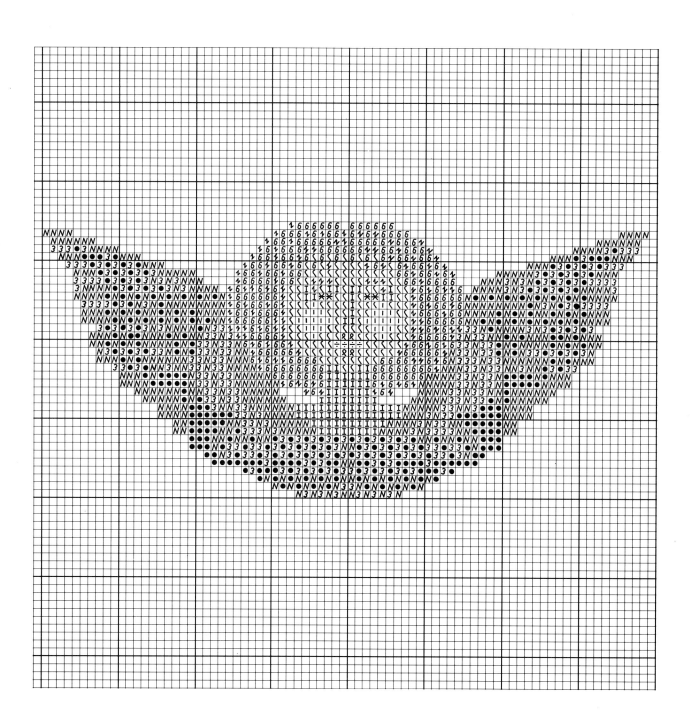
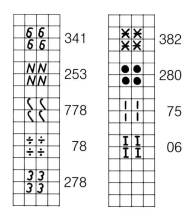

Nicht so lieblich wie die meisten Weihnachtsengel ist dieser hier mit seinen rotbraunen Haaren und hellgrünen Flügeln (Entwurf Katja M. Hassler). Außerhalb der Advents- und Weihnachtszeit dient er als Schutzengel. Man kann ihn auf ein Taufkleidchen sticken (Stramin auf den Stoff legen, übersticken und Straminfäden später herausziehen) oder für einen Bildglückwunsch zur Einweihung eines neuen Hauses oder einer Wohnung verwenden.
Größe: 7,5 × 15 cm.

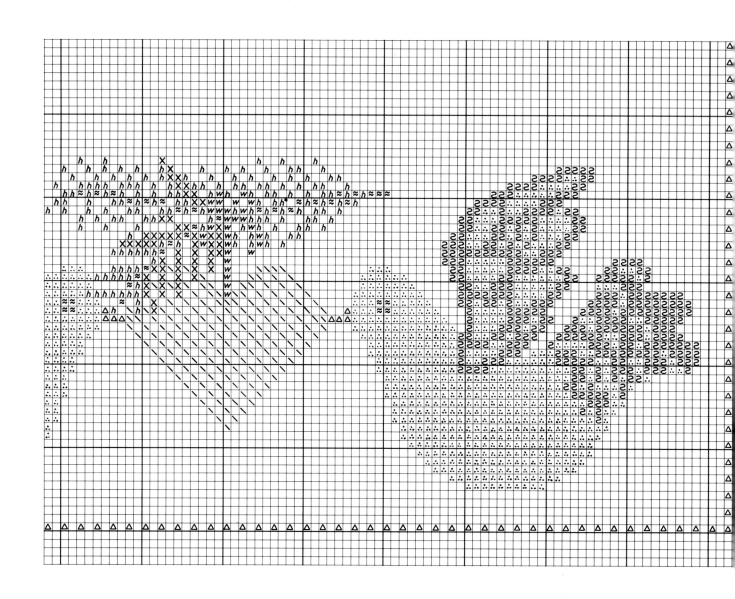

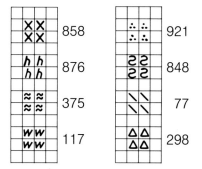

Dieses Motiv ist vielseitig verwendbar: Man kann es auf die Schmalseiten eines weihnachtlichen Tischläufers sticken oder auf die obere Längsseite einer Platzdecke. Man kann die Vögel weglassen und nur Zweig und Herz sticken oder auch nur einen der Vögel nacharbeiten. Läßt man den Tannenzeig weg und ergänzt die linke Herzseite entsprechend, hat man ein Ganzjahresmotiv.

Größe ohne Rand: 7,5 × 21,3 cm.

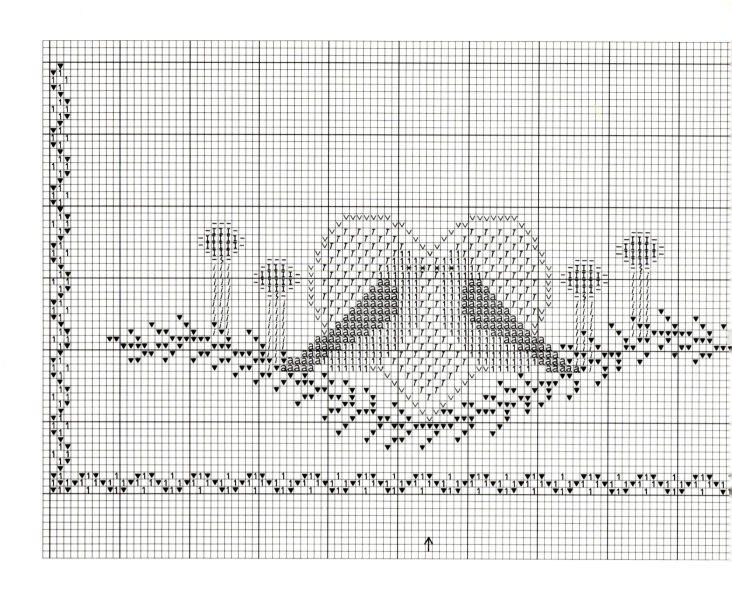

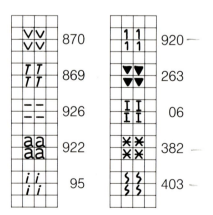

v v / v v	870	1 1 / 1 1	920
T T / T T	869	▼▼ / ▼▼	263
= = / = =	926	I I / I I	06
aa / aa	922	✶✶ / ✶✶	382
i i / i i	95	ƨ ƨ / ƨ ƨ	403

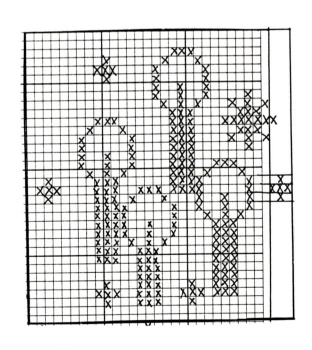

Variables Endmotiv für einen Tischläufer, bei dem man die Vögel ohne das Herz oder das Herz – bei entsprechender Ergänzung der Innenfläche – ohne die Vögel sticken kann. Der rechte Rand wird nach der gleichen Eckbildung wie links gearbeitet.
Größe des Motivs ohne Rand: 7 × 17,5 cm.

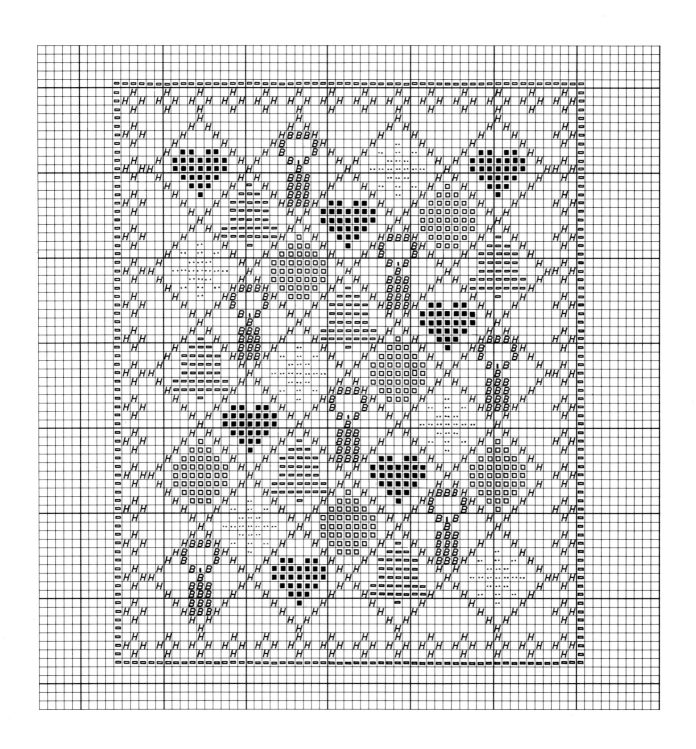
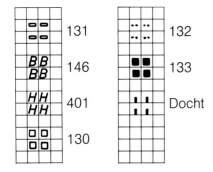

Diese flächige Stickerei eignet sich gut als Deckelbezug für eine Mappe, in der man die Weihnachtspost sammelt. Als gestickter Einband für ein selbstgemachtes Buch, in dem man die Weihnachtsgeschichte mit der Hand sorgfältig aufgeschrieben hat, wird sie zu einem sinnvollen und außergewöhnlichen Geschenk.
Größe: 10,5 × 13 cm.

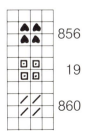 856, 19, 860

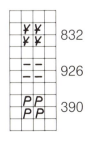 832, 926, 390

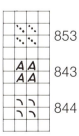 853, 843, 844

Der Mistelzweig, Symbol der Versöhnung, hat längst den Weg von Großbritannien zu uns gefunden. Man hängt ihn in der Weihnachtszeit über der Tür auf. Ein guter Grund, dieses friedenspendende Gewächs in einer Stickerei dauerhaft zu erhalten.
Größe: 12 × 17,5 cm. (Entwurf Katja M. Hassler.)

Tannenbäume zum Aussuchen. Die Arbeit rechts
ist ein Mustertuch im wahrsten Sinne des Wortes.
Ob als Rand-, Reihen- oder Einzelmotiv – hier
findet man bestimmt den richtigen Baum und als
Zugabe Herzen und Sterne in verschiedenen
Größen.
Maße des Mustertuchs einschließlich Rand:
19,5 × 30 cm.
Farbsymbole und Nummern der verwendeten
MEZ Stickgarne unten, Zählvorlage auf den
Seiten 54/55.
Auf den Seiten 56/57 finden Sie dieses Muster-
tuch in doppelter Größe.

Symbol	Nr.		Symbol	Nr.
~	302		\	77
/	860		I	75
1	920		+	46
S	Silber		S	Silber
<	42		¥	832
2	262		L	872
R	76		▬	939
⌐	846		B	146
⊔	977		⌐	216
●	859		∴	269
e	333		‡	129
◪	976		◐	267
▷	878		7	941
A	843		∧	110
●	316		I	Docht
Z	305			

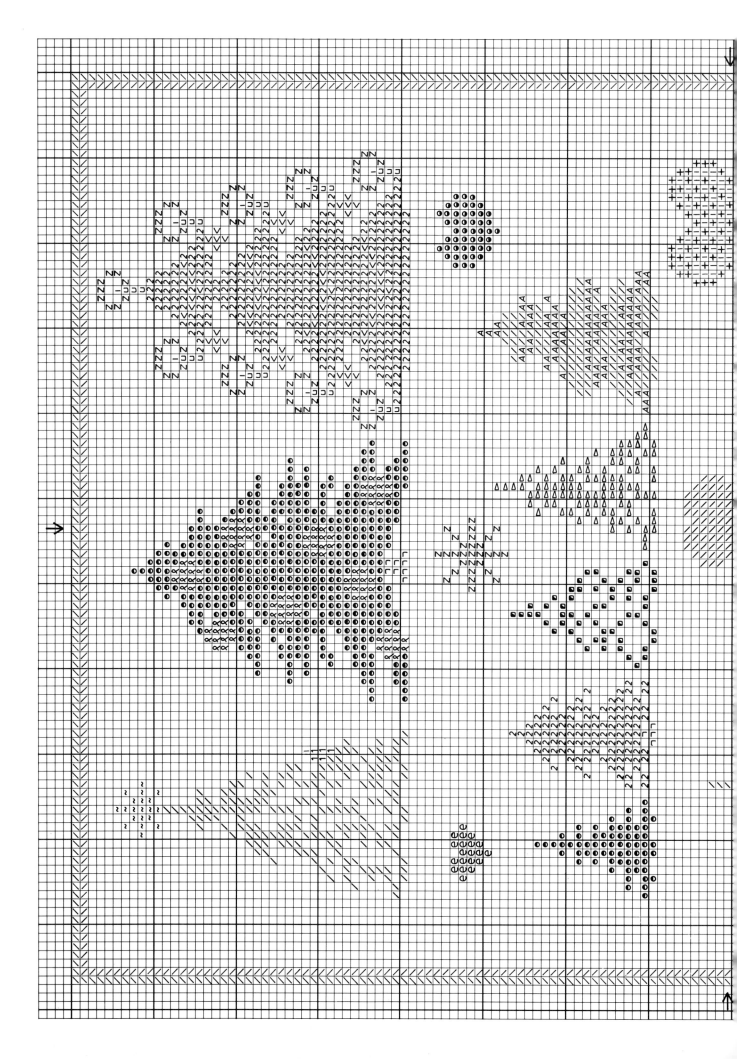

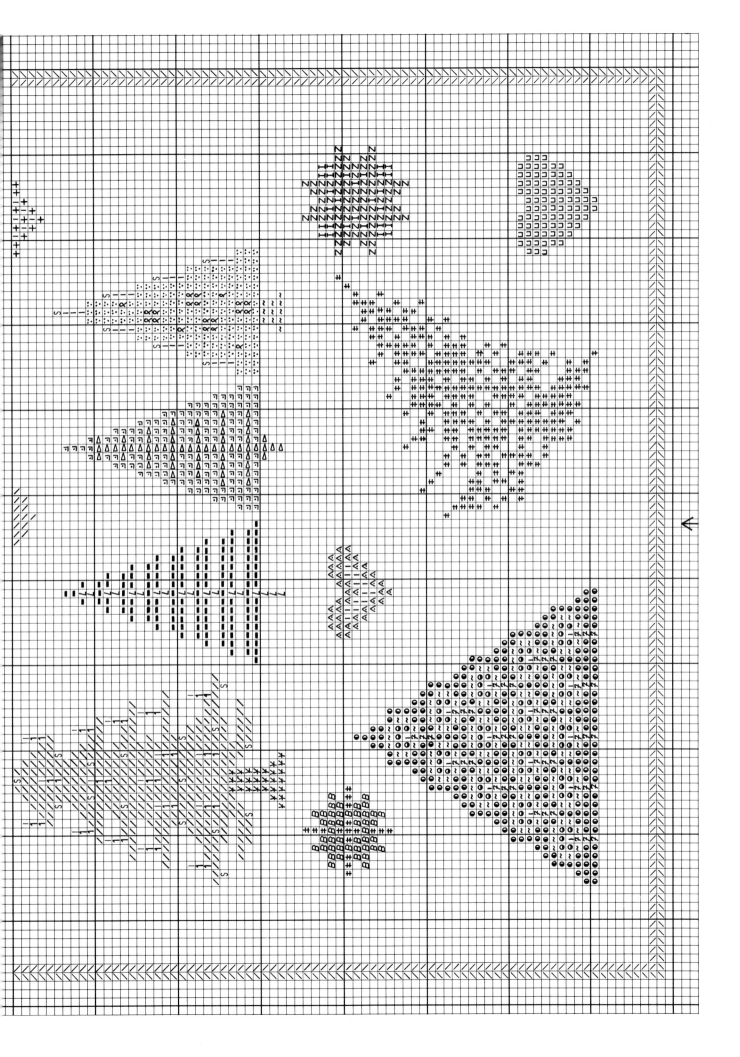

Wenn man dieses Prachtstück rechtzeitig vor dem Fest fertig haben möchte, muß man früh genug mit dem Sticken beginnen. So um die 30 Stunden braucht man für diese Arbeit, die einige Konzentration verlangt.
Das Sticktuch ist 25 × 32 cm groß.

Mit dem Sticken beginnt man am besten bei der untersten Schriftreihe, und zwar mit dem Buchstaben links oder rechts neben der senkrechten Mittellinie, und arbeitet buchstabenweise zum Außenrand weiter. Danach kommt die Schriftreihe darüber. Dann stickt man die beiden senkrecht verlaufenden Schriftreihen, die beiden oberen Schriftreihen und die seitlichen Kerzen. Jetzt kommt der Innenrand. Ist das geschafft, kann man von hier aus leicht die Stiche für die Einzelmotive im Innenraum auszählen. Zum Schluß stickt man die Engelköpfe mit den Flügeln als obere und untere Abschlußreihe, die Tannengirlanden als seitliche Abschlußreihen und den einfachen Rand.
Es ist nicht unbedingt nötig, daß man für einen Motivteil, der nur aus wenigen Stichen besteht, extra die angegebene Garnfarbe besorgt, wenn man sie nicht vorrätig hat. Man wählt dann aus dem vorhandenen Material die am besten passende Farbe.
Falls die Arbeit gerahmt werden soll, muß man darauf achten, daß der freie Stoffrand breit genug ist, um ihn zum Spannen um eine Pappe zu schlagen. Auch ist es ratsam, bei einer so großen Arbeit zuerst die Schnittkanten des Stickgrundes mit überwendlichen Stichen vor dem Ausfransen zu sichern.
Die Motive des Sticktuches eignen sich alle auch zur Verwendung als Einzelstickerei, z. B. für Grußkarten. Ebenso kann man die Schriftbänder einzeln sticken oder mit Einzelmotiven kombinieren. Auf den Seiten 60/61 sind Teile aus dem Mustertuch noch einmal vergrößert abgebildet. Die Zählvorlage steht auf den Seiten 62/63, die Farbsymbole mit den dazugehörenden Garnnummern finden Sie rechts.

Symbol	Nr.	Symbol	Nr.	Symbol	Nr.
>	862	□	130	‖	75
–	926	⊙	369	❢	108
⧅	371	=	246	9	398
◪	976	Ⴑ	898	♥	850
◤	47	✶	217	∥	258
+	46	▼	263	∴	335
◈	59	≈	375	0	41
▲	856	⌐	216	¥	832
◨	359	△	29	2	262
a	922	~	302	∴	847
ϰ	975	7	941	Я	76
▭	131	∕	860	8	109
◨	22	X	858	⅍	851
◘	19	⊖	338	i	95
3	278	∣	Docht		
I	06	∴	921		
▬	939	L	872		
▲	360	Γ	303		
◔	267	1	920		
⟋	211	⊞	48		
7	943	C	306		
△	298	⁞	893		
↘	08	◁	10		
Ⴢ	11	∕	Halbstich Zweige		
Γ	328	⟍			

Die Motivausschnitte auf diesen beiden Seiten entsprechen der Originalgröße der fertigen Stickerei. Die Motive können einzeln verwendet oder anders zusammengestellt werden.

61

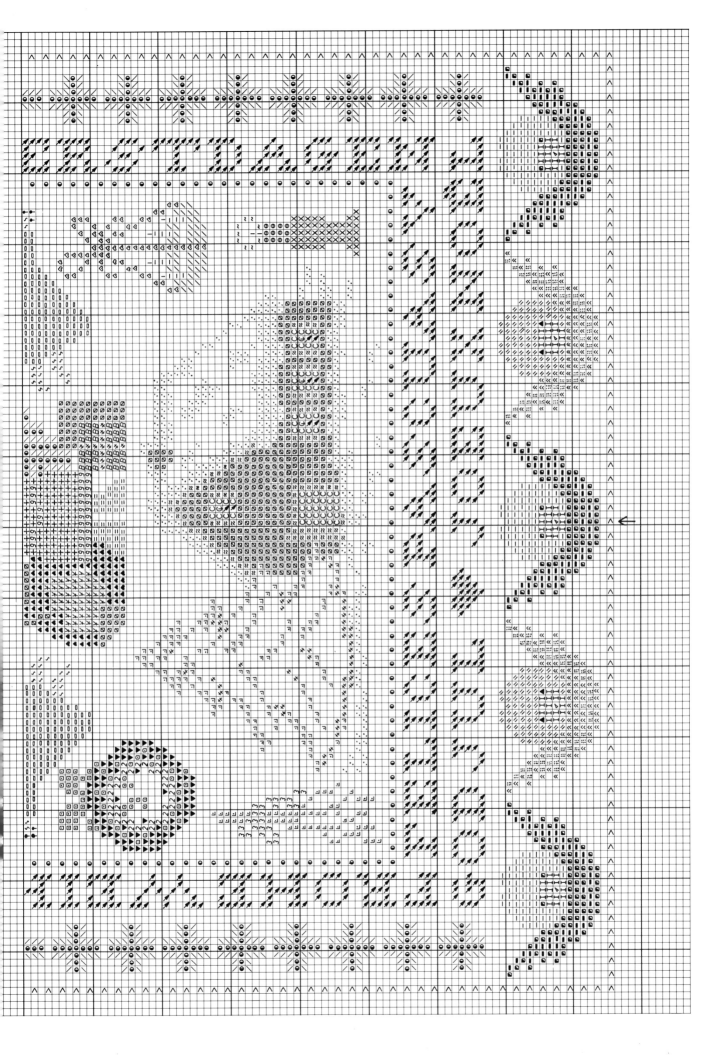

Alle Modelle in diesem Buch wurden mit **MEZ**  Sticktwist gearbeitet